Adferfau

Disentangling the Welsh Adverb

Geirlyfr y Lolfa Wordbook

Adferfau

Disentangling the Welsh Adverb

D. Geraint Lewis

y Lolfa

Diolch unwaith yn rhagor i Wasg y Lolfa am ei gofal wrth ymgymryd â'r gwaith. Fy eiddo i yw unrhyw wall neu fefl a erys.

Argraffiad cyntaf: 2025

Cynllun y clawr: Richard Huw Pritchard

Rhif Llyfr Rhyngwladol: 978 1 80099 709 7

Cyhoeddwyd ac argraffwyd yng Nghymru
ar bapur o goedwigoedd cynaliadwy gan
Y Lolfa Cyf., Talybont, Ceredigion SY24 5HE
e-bost ylolfa@ylolfa.com
gwefan www.ylolfa.com
ffôn 01970 832 304

Adverb: ***Adferf***

In the same way that an adjective modifies or gives us more information about a **noun,** an **adverb** gives us more information about a **verb** or an **adjective.** It may be in the form of an individual word, an expression or a part of a sentence.

Adverbs answer questions such as: *how*, *in what way*, *when*, *where*, *to what extent* and express the **manner**, **place**, **time**, **frequency**, **degree,** or **level of certainty**.

This is the **adverbial function** and may be performed by an individual adverb, by an adverbial phrase, or by an adverbial clause within a sentence.

In Welsh, other parts of speech are recruited as adverbs. In the case of words starting with a mutatable letter the Treiglad Meddal mutation is used to indicates its use as an adverb. Over a period of time, in the case of frequently used words, the mutated form turned into a stand alone adverb (e.g. *ddoe; gar-tref*)

Other words, starting with a non-mutatable letter then have a dual function – the word's main function and its adverbial function. This can be a source of confusion.

Another source of confusion may be the variety of **yn/'n** that occur in the Welsh sentence.
These matters confused me, and I've attempted to address them here.

One of the discoveries of this exploration is the sheer volume of useful idiomatic Adverbial phrases, as listed at the end of the volume.

D. Geraint Lewis
Llangwrddon 2025

Contents

adverb: adferf *eb* (adferfau) has two main functions:
it qualifies or gives us more information about a **verb/verbnoun** e.g.

Rwy'n mynd **heddiw**

Mae hi'n byw **gartre**

Nid yw'n teimlo **cystal**

Mae'r hen ŵr yn gwenu'**n llon**

Where **heddiw**, **gartre**, **cystal** and (y)**'n llon** are **adverbs**.

it qualifies or gives us more information about an **adjective**

Mae hi **mor** fawr

Rwy'n teimlo yn **eithaf** da

Nid yw e'n **ddigon** cryf

Where **mor**; **eithaf**; and **digon** are **adverbs**.

or may qualify another adverb

*Mae hi'n canu'***n dda iawn** where **yn dda** and **iawn** are adverbs

Adverbs are the most elusive of Welsh parts of speech.
They start off innocently enough:

1. The most common form of adverb in Welsh is created by adding an **adjective** to the **yn/'n** (***the Adverbial Particle***) that follows a verb/verbnoun, **describing:**

how? or ***in what manner?*** the verb is functioning

Mae'n rhedeg **yn** gyflym

*Rwy'n codi'***n** gynnar

Gwenodd yr hen ŵr **yn** llon

a state or condition of being

Rwyt ti'n edrych **yn** dda

2. Welsh makes use of stand-alone adverbs e.g.

byth *ever, never*; eisoes *already*; erioed; *ever/never*

3. It also recruits other parts of speech to act as adverbs and uses *Treiglad Meddal* to identify their adverbial use

- Some of these are used more frequently than others resulting in their mutated forms being recognised as adverbs, e.g. *gartref* from 'cartref' (nm)**;** *gynt* from 'cynt' (adj.)
- Others retain their original part of speech and mutate when they function as adverbs, e.g. *dydd* (nm); *tros* (preposition) *cyferbyn* (adjective)
- and then there are the forms which start with a letter that doesn't mutate *allan* (adj.) *eleni* (nf) *eto* (conjunction) and perform dual functions as adverbs

1. You will be aware of 'YN' ***the Adverbial Particle*** that follows a verb/verbnoun, and precedes an adjective

Rhedodd **yn** *gyflym*; *Mae hi'n edrych* **yn** *dda*

You will now need to be able to distinguish the 3 other 'YN'

2. *The* ***Pre-verbal Particle yn/'n*** *that names the action following 'bod' Mae ef (**yn** mynd) Rwyt ti ('**n** rhedeg)*

3. The ***Predicative*** **yn/'n** that tells us more about the **Person** (1st Person, 2nd Person etc.) i.e. the **Subject** of the verb *Mae Siân (**yn** dda)* (adjective), *Mae Siân (**yn** wraig)* (noun).

4. the ***Preposition*** **yn/yng/ym** frequently used before place-names; ***yn*** *Aberystwyth;* ***yng*** *Nghaerdydd;* ***ym*** *Mhontypridd*

As these may all come together in a single sentence:

Mae Cynan **yn** arddwr[3] (*nm*), **yn** gweithio[2] (*vb)* **yn** galed[1] (*adj)* ac **yn** byw[2] (*vb)* **yng** Nghaernarfon[4]

Stand alone Adverbs

acw	there	*2 Place*
adref	homeward	*2 Place*
allan	out	*2 Place*
arnodd	on	*2 Place*
bant	away	*2 Place*
bellach	further	*1 Time*
beunos	nightly	*1 Time*
beunydd	daily	*1 Time*
ble	where	*2 Place*
byth	always	*1 Time*
cwla	poorly	*3 Quantity/Measure*
cyhyd	so long	*3 Quantity/Measure*
cymaint	so much	*3 Quantity/Measure*
cynddrwg	so bad	*3 Quantity/Measure*
cynt	before	*3 Quantity/Measure*
cystal	so good	*3 Quantity/Measure*
chwaethach	much less	*3 Quantity/Measure*
dacw	that's	*2 Place*
dacw	there's	*2 Place*
danodd	under	*2 Place*
dichon	perhaps	*6 Standpoint*
digon	enough	*3 Quantity/Measure*
dihitio/dihidio	offhand	*6 Standpoint*
diseremoni	offhand/brusque	*6 Standpoint*
drachefn	again	*3 Quantity/Measure*
drannoeth	next day	*1 Time*
draw	over there	*2 Place*
droeon	now and again	*3 Quantity/Measure*
drosodd	over	*2 Place*
drwodd	through	*2 Place*
dyma	here (is)	*2 Place*

dyna	there (is)	*2 Place*
ddoe	yesterday	*1 Time*
echdoe	day before yesterday	*1 Time*
echnos	night before last	*1 Time*
efallai	perhaps	*6 Standpoint*
eisoes	already	*3 Quantity/Measure*
eleni	this year	*1 Time*
ella/falle	maybe	*6 Standpoint*
erioed	ever, never	*1 Time*
eto	again	*3 Quantity/Measure*
fawr	many	*3 Quantity/Measure*
feallai	maybe/perhaps	*6 Standpoint*
fel	like	*3 Quantity/Measure*
felly	therefore	*6 Standpoint*
fry	above	*2 Place*
gartref	at home	*2 Place*
gefngefn	back-to-back	*2 Place*
gerllaw	beside	*2 Place*
glocwedd	clockwise	*6 Standpoint*
gyferbyn	opposite	*6 Standpoint*
gymaint â	equally	*3 Quantity/Measure*
gynnau	just now	*1 Time*
gynt	long time ago	*1 Time*
gyntaf	firstly	*3 Quantity/Measure*
heddiw	today	*1 Time*
hefyd	also	*6 Standpoint*
heibio	past	*6 Standpoint*
hen	long time	*1 Time*
heno	tonight	*1 Time*
hwyrach	maybe	*6 Standpoint*
hytrach	rather	*6 Standpoint*
i fyny	up	*2 Place*
lawr	down	*2 Place*

ledled	across	*2 Place*
llawer	many	*3 Quantity/Measure*
llawn	just as	*3 Quantity/Measure*
lle	where	*2 Place*
lled	fairly	*3 Quantity/Measure*
llynedd, y	last year	*1 Time*
mor	as	*8 Qualifying Adjective*
mwy	more	*8 Qualifying Adjective*
mwyach	any longer	*1 Time*
mwyaf	most	*8 Qualifying Adjective*
mwyfwy	increasingly	*3 Quantity/Measure*
naddo	no	*6 Standpoint*
nawr	instantly	*1 Time*
odanodd	beneath	*2 Place*
ofnadwy	terribly	*8 Qualifying Adjective*
oll	altogether	*3 Quantity/Measure*
paham	wherefore	
pam	why	
prin	barely	*3 Quantity/Measure*
pur	quite	*8 Qualifying Adjective*
reit	really	*8 Qualifying Adjective*
rŵan	now	*1 Time*
rhagor	more	*3 Quantity/Measure*
rhuslyd	headlong	*3 Quantity/Measure*
rhy	too	*8 Qualifying Adjective*
rhywle	somewhere	*2 Place*
shimpil	poorly	*3 Quantity/Measure*
siwrne	once	*3 Quantity/Measure*
sut	how	
tanodd	underneath	*2 Place*
toc	shortly	*3 Quantity/Measure*
tra	very	*9 Qualifying Adjective*

trannoeth	following day	*1 Time*
trwodd	through	*2 Place*
trennydd	day after tomorrow	*1 Time*
uchod	above	*2 Place*
uffernol	hellishly	*8 Qualifying Adjective*
wastad	always	*1 Time*
wedyn	after	*1 Time*
weithiau	sometimes	*1 Time*
whap	suddenly	*1 Time*
yfory	tomorrow	*1 Time*
yma	here	*2 Place*
ymaith	away	*2 Place*
ymhellach	afar	*3 Quantity/Measure*
ymhellach	further	*3 Quantity/Measure*
ymlaen	onward	
ymron	almost	*3 Quantity/Measure*
yno	therein	*2 Place*
ysywaeth	alas	*6 Standpoint*

1. Adverbs of Time *When? How often? How long?*

stand-alone adverbs
beunydd *daily*;
byth *ever, never*;
eisoes *already*;
erioed *ever/never*
gynnau *just now*
mwyach *any longer (does not mutate)*
neithiwr *last night*
yn awr/nawr *now*
rŵan *now*
toc *shortly*
wedyn *then*

other adverbials	**root**
bellach *by now*	pellach (*adj*)
bob *every* + amser *bob blwyddyn; bob mis* etc.	pob *each*
*brynhawn ddoe *yesterday afternoon*	prynhawn (*nm*)
brynhawn heddiw *this afternoon*	prynhawn (*nm*)
brynhawn yfory *tomorrow afternoon*	prynhawn (*nm*)
drannoeth *the day after*	trannoeth (*nf*)
droeon *many times*	troeon (*npl*)
ddoe *yesterday*	doe (*nm*)
echdoe *the day before yesterday*	echdoe (*nm*)
echnos *the night before last*	echnos (*nf*)
eleni *this year*	eleni (*nf*)
eto *again*	eto (*conjunction*) *and yet*
*fore *morning*	bore (*nm*) *morning*
gynt *long ago*	cynt (*adj*) *earlier, sooner*
heddiw *nowadays*	heddiw (*nm*) *today*
heno *tonight*	heno (*nf*) *tonight*
wastad *always*	gwastadol (*adj*) *constant*
weithiau *sometimes*	gweithiau (*npl*) gwaith *occasion*
y llynedd *last year*	llynedd (*nf*) *last year*
yna *then*	yna (*adj*) 'y got yna' *that (coat)*

*bore 'ma *this morning* — *exceptions that* ***don't mutate***
*bore ddoe *yesterday morning*
*bore yfory *tomorrow morning*

*prynhawn 'ma *this afternoon* — *exception that* ***doesn't mutate***

Nouns of time or measurement are frequently used as adverbs.

When they follow the verb-noun directly they mutate.

blwyddyn	*Byddwn yn cwrdd* flwyddyn nesaf
diwrnod	*Mae hi'n mynd* ddiwrnod ar ôl diwrnod
dydd	*Bydd y cyfarfod yn cael ei gynnal* ddydd Sul
mis	*Roedden nhw'n chwarae* fis diwethaf
prynhawn	*Byddwn yn canu* brynhawn Sul

byth refers to the Present or Future *Dyw hi byth yn mynd i'r capel*

erioed refers to the Past *Doedd hi erioed wedi bod mewn capel*

dydd denotes a specific day *dydd Llun, dydd Nadolig*

diwrnod a day in general *diwrnod ysgol, diwrnod i'r brenin (a day off)*

Day	***Night***	***Year***
echdoe day before yesterday	**echnos** night before last	**dwy flynedd yn ôl**
doe yesterday	**neithiwr** last night	**llynedd** last year
heddiw today	**heno** tonight	**eleni** this year
yfory tomorrow	**nos yfory** tomorrow night	**y flwyddyn nesaf** next year

trannoeth the next day

trennydd the day after tomorrow

tradwy in three days time

2. Adverbs of Place *Where?*

stand-alone adverbs
acw *there, yonder*
adref *homewards*
allan *out*
arnodd *upon*
draw *yonder*
dyma *this is, these are*
dyna *that is, those are*
fry *above*
heibio *past*
hwnt *yonder*
i fyny *up*
i ffwrdd *away*
i lawr *down*
i mewn *in*
isod *below*
lan *up*
oddi + --- *from, out of*
  oddi allan
  oddi cartref
  oddi tanodd
  oddi yma etc.
(t)anodd/ oddi tano *beneath*
(t)rosodd *over*
(t)rwodd *through*
uchod *above*
ymaith *away*
ymlaen *forward*
yno *there*

other adverbials	**root**
danodd *beneath*	tanodd (*adv*) *over*
drosodd *over*	trosodd (*adv*) *over*
gartref *at home*	cartref (*nm*) *home*
gyferbyn *opposite*	cyferbyn (*adj*) *opposite*
yma *here*	yma (*adj*) *this, these*

3. Adverbs of Quantification *How Much?*

adverbials	**root**
bob yn (+ numeral) at a time	pob (*adj*) each
bob yn ddau *two at a time*	
bob yn dri *three at time* etc.	
cyhyd *as long* *	*mor* hir (*adj*)
cymaint *as much**	*mor* fawr (*adj*)
cynddrwg *as bad**	*mor* ddrwg (*adj*)
cystal *as good**	*mor* dda (*adj*)
ddim *not*	dim (*nm*)
fawr *a lot*	
fesul *at a time*	mesul *(preposition)*
hytrach *rather*	
i gyd *all*	
i raddau *to an extent*	
llawer *many*	
llawer gwaith (Mutates within a sentence, but not at the start)	
lled *fairly*	
mawr *a lot*	
mwyfwy *more and more*	
oll *all*	
prin y *scarcely*	

* **Note** the equative degree of comparison **does not** normally take *Treiglad Meddal* when it follows a verb

Peidiwch â siarad cymaint

Doeddwn i ddim yn gwybod fod pethau wedi mynd cynddrwg

A fyddech cystal *â galw heibio?*

4. Adverbs that refer back to an earlier phrase or clause

adverbs & adverbials		root
chwaith *either*	*Dyw hi ddim yn mynd* chwaith	chwaith (*preposition)*
eto *again*	*Nid hi eto!*	
felly *then*	*Beth felly?*	
gyntaf *first*	*Pwy sydd gyntaf?*	cyntaf
mwyach *any more*	*Nid yw hi'n byw yma mwyach.*	(no mutation)
sef *namely*	*Dewch 'fory, sef dydd Llun*	sef (*conjunction)*

5. Retrospective Adverbial phrases

ar y cyfan *on the whole*
ar y naill law *on the one hand*
ar y llaw arall *on the other hand*
at ei gilydd *on the whole*
at hynny *in addition to that*
beth bynnag *in any case*
chwaith *either, neither*
efallai *perhaps*
eto i gyd *nevertheless*
fel arall *otherwise*
fodd bynnag *however*
gyda llaw *by the way*
hynny yw *that is*
o ganlyniad *as a result*
os felly *if so*
serch hynny *in spite of that*
yn hytrach *rather than*
yn ogystal *as well as*
yn olaf *lastly*
yn y cyfamser *in the meantime*

6. Adverbial phrases that reflect a view or an attitude

a dweud y gwir *truth be told*
a dweud y lleiaf *to say the least*
a thorri stori hir yn fyr *to cut a long story short*
at ei gilydd *by and large, on the whole*
bid siŵr *certainly*
chwarae teg *fair play*
does bosib *surely not*
fel petai *as it were*
gwaetha'r modd *more's the pity*
heb os *undoubtedly*
heb os nac onibai *without doubt*
hyd y gwn i *as far as I know*
o bosibl *maybe*
os caf ddweud *if I may say*
siŵr o fod *probably*
tybed *I wonder*
wrth gwrs *of course*
wrth reswm *of course, naturally*
yn bersonol *personally*
yn gyffredinol *generally*
yn ôl pob tebyg *probably*
yn sicr *certainly*
yn wir *indeed*

Note below

- The use of the conjugated Future and Imperfect forms
- The characteristic use of Treiglad Meddal as an indicator

barnu *to judge, to think*	*Hynny farnwn i, fydd y canlyniad tebycaf*
credu *to believe*	*Beth gredwch chi, fydd yn digwydd?*
dweud *to say*	*Beth ddywedi di sy'n gyfrifol?*
tybied *to suppose*	*Hynny dybiwn i a ddigwyddodd*

7. Adverbial phrases that home in or draw attention

at hynny *also, furthermore*
dim ond *only*
fel arfer *usually*
fel rheol *as a rule*
gan amlaf *mainly, mostly*
gan mwyaf *mainly, mostly*
o leiaf *at least*
yn arbennig *especially*
yn bennaf *principally*
yn benodol *specifically*

8. Adverbial use of Adjectives to qualify Adjectives

braidd	*rather, quite*	braidd *yn gyflym*
cwbl	*completely*	cwbl *warthus*
cymharol	*comparatively*	cymharol *gyflym*
chwarter	*quarter (no Mutation)*	chwarter *call*
digon	*enough (no Mutation)*	digon *da*
eitha	*quite (no Mutation)*	eitha *drwg*
go	*fairly*	go *brin*
gweddol	*fairly*	gweddol *gyfforddus*
gwirioneddol	*really, truly*	gwirioneddol *wych*
hollol	*completely*	hollol *iach*
hynod	*extremely*	hynod *falch*
iawn	*very*	*cyflym* iawn
llai	*less (no Mutation)*	llai *cyfforddus*
llawer rhy	*(by) far*	llawer *rhy ifanc*
lled	*quite*	lled *wael*
mor	*as*	mor *dda*
mwy	*more (no Mutation)*	mwy *tal*
mwyaf	*most (no Mutation)*	mwyaf *twp*
ofnadwy	*awfully*	mawr *ofnadwy*
rhy	*too*	rhy *gynnar*
tra	*quite (Treiglad Llaes)*	tra *chyflym*
ychydig	*a little*	ychydig *bach*

Adferfau

Cymraeg Saesneg

Cymraeg	Saesneg
a barnu wrth	judging by
a bod yn fanwl gywir	strictly speaking
a bwrw ei bod hi	assuming she--
a dweud y gwir	truth be told
a dweud y lleiaf	to say the least
a thorri stori hir yn fyr	to cut a long story short
â blodau	florally
â chalon drom	dispiritedly
â chlod	creditably
â chroen eich tin ar eich talcen	churlishly
â chroeso	gladly
â chydymdeimlad	sympathetically
â diddordeb	interestedly
â diolch	thankfully
â hiraeth	longingly
â phleser	gladly
â steil	stylishly
ac ar hynny	with that
acw	yonder
â'ch anadl olaf	With [your] dying breath
â'ch gwynt yn eich dwrn	breathlessly
â'ch meddwl ymhell	distractedly
acha wew	askew
adref (2)	homewards
ag angerdd	impassionedly
ag edmygedd	admiringly

ag elw	profitably
ag ymroddiad	dedicatedly
air am air	verbatim
am a wn i	presumably
am byth	eternally
am byth	permanently
am dipyn (o amser)	awhile
am eiliad	momentarily
am funud	momentarily
am fyr dro	briefly (for a short time)
am hynny	therefore
am y gogledd	northwards
am y gorllewin	westwards
am y tro	temporarily
am ychydig	briefly (for a short time)
ambell dro	occasionally
ambell dro	sometimes
ambell waith	occasionally
ambell waith	sometimes
ar adegau	occasionally
ar amod	conditionally
ar antur	accidentally
ar antur	randomly
ar ben hynny	besides
ar ben hynny	moreover
ar bigau drain	anxiously
ar bob cyfrif	certainly
ar bob cyfrif!	definitely
ar brydiau	sometimes
ar brydiau	occasionally

ar bwys (rhywbeth)	alongside
ar chwâl	incoherently
ar dân	afire
ar dân	dying to
ar drai	ebbing
ar draws	diagonally
ar draws	approximately
ar draws ei gilydd	higgledy-piggledy
ar dro	askew
ar droed	afoot
ar ddamwain	accidentally
ar ddi-hun	awake
ar ddisberod	astray
ar ei ben	exactly
ar ei hôl hi	behind
ar ei hyd	lengthwise
ar eich calon	emotionally
ar eich eistedd	seated
ar eich ennill	benefiting
ar eich gorwedd	lying down
ar eich gwarthaf	crowding
ar eich pen eich hun	alone
ar eich pen eich hun	singly
ar eich union	immediately
ar eich union	directly
ar frys	hastily
ar fwrdd llong	aboard
ar fy ngwir	honestly
ar fynd	astir
ar fyr o dro	shortly

ar fyrder	urgently
ar ffo	fleeing
ar ffrwst	hastily
ar garlam	galloping
ar gam	wrongfully
ar gam	mistakenly
ar gefn (rhywbeth)	astride
ar gerdded	moving
ar goedd	openly
ar goedd	publicly
ar goll	astray
ar gyfeiliorn	astray
ar gynnydd	increasing
ar hap	fortuitously
ar hap a damwain	accidentally
ar hast	hastily
ar hyd ac ar led	sprawlingly
ar hyn	thereupon
ar hyn o bryd	presently
ar hynny	thereupon
ar i fyny	upwards
ar i fyny	looking up
ar i waered	deteriorating
ar lafar	colloquially
ar lafar	orally
ar lafar gwlad	vernacularly
ar lan y môr	ashore
ar lanw	flowing (tide)
ar lawr	aground
ar led	abroad
ar led	around

ar letgroes	diagonally
ar letraws	aslant
ar letraws	diagonally
ar letraws	transversally
ar nawf	afloat
arnodd	upon
ar noson waith	weeknight
ar nosweithiau gwaith	weeknights
ar ochr	aslant
ar ochr y tad	paternally
ar ogwydd	aslant
ar ogwydd	slanting
ar ôl	behind
ar ôl hynny	afterwards
ar ôl hynny	subsequently
ar ôl ystyriaeth	advisedly
ar oleddf	aslant
ar ormod o frys	over-hastily
ar ras	pell-mell
ar ruthr	hurry-scurry
ar sgiw	askew
ar un ochr	aside
ar unwaith	at once
ar unwaith	immediately
ar unwaith	pronto
ar wahân	apart
ar wahân	individually
ar wahân	separately
ar wasgar	scattered
ar wib	flittingly

ar y blaen	leading
ar y cychwyn	initially
ar y cychwyn	originally
ar y cyd	collectively
ar y cyd	jointly
ar y cyfan	on the whole
ar y dechrau	initially
ar y gair	instantly
ar y llaw arall	alternatively
ar y naill law	on the one hand
ar y naw	damnably
ar y naw	extremely
ar yr un pryd	simultaneously
ar yr wyneb	outwardly
ar yr wyneb	superficially
at ei gilydd	by and large
at ei gilydd	predominantly
at eich dant	to your liking
at hynny	furthermore
at hynny	moreover
bellach	by now
beth bynnag	anyhow
beunydd	daily
bid sicr	certainly
bid siŵr	certainly
ble bynnag	wherever
blith-draphlith	higgledy piggledy
bob amser	always
bob blwyddyn	annually
bob cynnig	every time

bob hyn a hyn	occasionally
bob mis	monthly
bob sut	every which way
bob tro	every time
bob tro	invariably
bob yn ail	alternately
bob yn dipyn	gradually
bob yn dipyn	steadily
bob yn ddau	two at a time
bob yn un	individually
bobo un	each
braidd	rather
braidd	quite
bron â	almost
brynhawn	afternoon
brys gwyllt	mad rush
byth	ever
byth	never
byth a beunydd	constantly
byth a beunydd	incessantly
byth a hefyd	always
byth a hefyd	constantly
byth eto	never again
byth mwy	nevermore
cwbl	completely
cwla	poorly
cyfan gwbl	entirely
cyfan gwbl	totally
cyhyd	as long
cymaint	as much
cymharol	comparatively

cynddrwg	as bad
cyn bo hir	presently
cyn hynny	formerly
cyn hynny	previously
cyn pryd	prematurely
cyn pryd	untimely
cystal	as good
cystal â bod	virtually
chwaith	either
chwarae teg	fair play
chwarter	quarter
dan deimlad	emotionally
dan din	slyly
dan do	indoors
dan draed	underfoot
dan ddaear	underground
dan ffugenw	incognito
dan ffugenw	pseudonymously
dan gwyno	querulously
dan rwgnach	grudgingly
dan wenu	smilingly
dan y dŵr	awash
danodd	beneath
deirgwaith cymaint	triply
diflewyn-ar-dafod	forthright
digon	enough
dihitio/dihidio	offhand
dim ond	only
diolch byth	luckily
dipyn bach	slightly
does bosib'	surely not

does dim dwywaith	admittedly
dradwy	three days time
draw	yonder
drennydd	day after tomorrow
drannoeth	day after
dro ar ôl tro	repeatedly
droeon	many times
dros ben	extremely
dros byth	forever
dros dro	temporarily
dros nos	overnight
drosodd	over
drosodd a throsodd	repeatedly
drwg eich hwyl	fed up
drwy drugaredd	luckily
drwy hap a damwain	accidentally
drwy lwc	fortunately
drwy lwc	luckily
drwy ryw ragluniaeth	providentially
drwyddi draw	throughout
dwmbwr-dambar	helter-skelter
dyma	this is
dyma	these are
dyna	that is
dyna	those are
ddim	not
ddiwrnod	day
ddoe	yesterday
ddwywaith y flwyddyn	biannually
ddydd	day

ddyddiau fu	days of yore
echdoe	day before yesterday
echnos	night before yesterday
efallai	maybe
eisoes	already
eitha'	quite
eithaf clwc	poorly
eleni	this year
er cof	in memoriam
er cyn cof	immemorial
er eich gwaethaf	grudgingly
er gwaeth	detrimentally
er hynny	however
er hynny	nevertheless
er hynny	still
erioed	ever
erioed	never
er lles	beneficially
er mawr ryfeddod	amazingly
er mawr siom	disappointingly
er parchus gof	in loving memory
er syndod	surprisingly
erbyn hyn	by now
ers cyn cof	immemorial
ers llawer dydd	formerly
ers llawer dydd	this long time
ers talwm	formerly
esgus bod	pretending to be
eto	again
eto i gyd	nevertheless
fan arall	elsewhere

fawr	a lot
fawr neb	hardly anyone
fe ddichon	possibly
feallai	maybe
fel arall	otherwise
fel arfer	normally
fel arfer	ordinarily
fel arfer	usually
fel beili mewn sasiwn	frantically
fel caseg eira	increasingly
fel cath i gythraul	lickety-split
fel ci bach	submissively
fel craig safadwy	firmly
fel chwip	instantly
fel ergyd o wn	instantaneously
fel gafr ar daranau	agitatedly
fel heddi' a fory	uncertainly
fel hyn	like this
fel iâr ag uncyw	fussily
fel iâr ar y glaw	glumly
fel lladd nadredd	furiously
fel llo	dociley
fel malwoden	slowly
fel melin glep	ceaselessly (talk)
fel mul	stubbornly
fel petai	as it were
fel pìn mewn papur	immaculately
fel pisio dryw bach yn y môr	piddling
fel pwll y môr	interminably (talk)
fel rheol	usually
fel rheol	as a rule

fel traed brain	illegibly
fel y cyfryw	as such
fel yma	like this
felly	then
fesul (3)	at a time
fesul tipyn	progressively
fesul tipyn	steadily
fesul un	individually
fis (1)	month
flwyddyn (1)	year
fodd bynnag	however
fodd bynnag	still
fore	morning
fry	above
fwrw'r Sul	weekend
gan amlaf	commonly
gan amlaf	frequently
gan amlaf	mainly
gan amlaf	mostly
gan bwyll	calmly
gan bwyll	cautiously
gan bwyll bach	steadily
gan faddau	forgivingly
gan hynny	therefore
gan hynny	thus
gan mwyaf	mainly
gan mwyaf	mostly
gan mwyaf	predominantly
gartref	at home
gerllaw (rhywbeth)	alongside
go	fairly

go	rather
go brin	hardly
go iawn	genuinely
gryn dipyn	considerably
gwaetha'r modd	regrettably
gwaetha'r modd	more's the pity
gweddol	fairly
gwirioneddol	really
gwirioneddol	truly
gyda chwaeth	tastefully
gyda diolch	thankfully
gyda gofal	guardedly
gyda graen	glossily
gyda hyn	presently
gyda hyn	shortly
gyda llaw	incidentally
gyda llaw	by the way
gyda lwc	hopefully
gyda pharch	respectfully
gyda pharch	reverently
gyda rhyddhad	relievedly
gyda'ch gilydd	collectively
gyferbyn	opposite
gyda'r llif	adrift
gynnau	just now
gynt	long ago
gyntaf	first
hanner ffordd	midway
heb air o gelwydd	honestly
heb amheuaeth	doubtless
heb angen	unnecessarily

heb ball	ceaselessly
heb daw	non-stop
heb ddim sŵn	soundlessly
heb ddweud dim	tacitly
heb ddweud gair	dumbly
heb drafferth	easily
heb drefn	erratically
heb falio dim	heedlessly
heb flewyn ar dafod	downright
heb flewyn ar dafod	forthright
heb fod angen	needlessly
heb fod yn talu sylw	inattentively
heb fod yn ymwybodol	unconsciously
heb hidio dim	regardlessly
heb oedi	forthwith
heb oedi	promptly
heb ofn	fearlessly
heb os	undoubtedly
heb os nac oni bai	without doubt
heb reswm	gratuitously
heb rym	powerlessly
heb stop	incessantly
heb sŵn	soundlessly
heb sylweddoli	unknowingly
heb unrhyw sŵn	soundlessly
heb ymdroi	forthwith
heb ymdroi	immediately
heb yn wybod	unknowingly
heb yn wybod	unwittingly
heb yr un smic	soundlessly
heb ystyried	inconsiderately

heblaw am	besides
heblaw hynny	furthermore
heddiw	nowadays
hefyd	also
heibio	past
heibio i (rywbeth)	beyond
heno	tonight
hollol	completely
hwnt	yonder
hyd byth	eternally
hyd byth	everlastingly
hyd y gwn i	as far as I know
hyd yma	hitherto
hyd yn hyn	hitherto
hynny yw	that is
hynod	extremely
hytrach	rather
i ble?	whereto
i bob golwg	seemingly
i drwch y blewyn	precisely
i fyny	aloft
i fyny'r grisiau	upstairs
i ffwrdd	away
i gychwyn	initially
i gyd	all
i gyd	altogether
i lan	aloft
i lawr	down
i mewn	indoors
i raddau	to an extent
i raddau helaeth	largely

i waered	downwards
i'r blewyn	precisely
i'r byw	deeply
i'r carn	completely
i'r dim	exactly
i'r dim	perfectly
i'r eithaf	extremely
i'r funud	exactly on time
i'r gogledd	northwards
i'r gorllewin	westwards
i'r gwrthwyneb	contrariwise
i'r gwrthwyneb	conversely
i'r ochr	aside
i'r pen	completely
i'r pen	fully
i'r un graddau â . . .	equally
iawn	very
is (rhywbeth)	beneath
isod	below
i'w r(h)yfeddu	tremendously
lan	up
liw nos	nocturnally
llai	less
llawer	many
llawer rhy	by far
llawn gyflogedig	fully employed
lled	fairly
llwrw eich cefn	backwards
llwrw eich pen	headlong
llwrw eich tin	reluctantly
llynedd (y)	last year

mae'n siŵr	assuredly
maes o law	anon
maes o law	presently
mawr	a lot
mewn anobaith	despairingly
mewn braw	fearfully
mewn byr amser	shortly
mewn byr eiriau	briefly
mewn camgymeriad	erroneously
mewn cywilydd	ashamedly
mewn cywilydd	dishonourably
mewn da bryd	duly
mewn difrif	seriously
mewn egwyddor	theoretically
mewn enw	nominally
mewn gair	briefly
mewn gorfoledd	joyfully
mewn gwirionedd	really
mewn gwirionedd	truly
mewn hast	hastily
mewn lle anhygyrch	inaccessible
mewn man arall	elsewhere
mewn modd credadwy	credibly
mewn penbleth	confused
mewn rhannau	serially
mewn sawl ffordd	variously
mewn sbort	jokingly
mewn siom	disappointed
mewn syndod	wonderingly
mewn theori	theoretically
mewn trefn	methodically

mewn unrhyw fodd	any which way
mor	as
mwy	more
mwyach	any longer
mwyaf	most
mwyfwy	more and more
myn brain i!	I'll be blowed!
naill ochr	aside
nawr	instantly
nawr	now
neithiwr	last night
nerth bôn braich	forcefully
nerth eich pen	loudly
nerth eich traed	full pelt
noson wythnos	weeknight
o amgylch	around
o anfodd	unwillingly
o angenrheidrwydd	necessarily
o arferiad	habitually
o barch	respectfully
o bell	distantly
o bobtu	around
o bosib	possibly
o bosibl	maybe
o bryd i'w gilydd	occasionally
o bryd i'w gilydd	sometimes
o bwrpas	deliberately
o bwrpas	intentionally
o bwrpas	purposely
o chwith	anticlockwise
o chwith	awry

o ddifrif	seriously
o ddifrif	solemnly
o dipyn i beth	gradually
o dosturi	compassionately
o dow i dow	leisurely
o dro i dro	occasionally
o ddamwain	unintentionally
o ddifrif calon	seriously
o eigion calon	wholeheartedly
o fodd neu o anfodd	willy-nilly
o fwriad	intentionally
o fwriad	purposely
o ganlyniad	as a result
o ganlyniad	consequently
o gryn dipyn	considerably
o gwbl	anywise
o gwmpas	around
o hirbell	distantly
o hyd	always
o hyd ac o hyd	continuously
o hyn allan	henceforth
o lech i lwyn	stealthily
o lech i lwyn	furtively
o leiaf	at least
o raid	necessarily
o ran maint	quantitatively
o ran trefn amser	chronologically
o un i un	singly
o waelod calon	passionately
o wirfodd	voluntarily

o ychydig	slightly
od o	suprisingly
odid ddim	hardly any
odid na wnaf	probably will (I)
odid y daw hi	unlikely (she) will come
oddi +	
oddi allan	outside
oddi ar hynny	since then
oddi cartref	away from home
oddi mewn	within
oddi tanodd	beneath
oddi yma	away
ofnadwy	extremely
o'i gymharu	comparatively
o'i le	amiss
oll	all
o'r blaen	formerly
o'r blaen	previously
o'r bôn i'r brig	completely
o'r braidd	barely
o'r braidd	hardly
o'r bron	consecutively
o'r diwedd	finally
o'r galon	sincerely
o'r gwraidd	entirely
o'r herwydd	because of
o'r newydd	anew
o'r newydd	freshly
o'r pen i'r traed	head to foot
o'r tu allan	externally
os caf ddweud	if I may say

os felly	if so
os oes modd	preferably
os yn bosib	preferably
pa un bynnag	whichever
pendramwnwgl	pell-mell
plwmp a phlaen	forthright
prin y	scarcely
p'un bynnag (am hynny)	anyhow
ran amlaf	mostly
ran amlaf o lawer	overwhelmingly
rŵan	now
ryw bryd	sometime
rywle arall	elsewhere
rywsut-rywsut	chaotically
rhaid cyfaddef	admittedly
rhwng bodd ac anfodd	grudgingly
rhwng popeth	altogether
rhy	too
sawl gwaith drosodd	repeatedly
sef	namely
serch hynny	however
serch hynny	nevertheless
serch hynny	still
siapa hi!	chop-chop
siŵr iawn	certainly
siŵr o fod	probably
siwrne	once
sut bynnag	however
sut?	how
sut bynnag	however
sut bynnag	still

'ta beth	however
'ta beth	still
'ta p'un	still
tan gamp	exemplary
toc	shortly
tra	quite
trwy anlwc	unluckily
trwy drugaredd	mercifully
trwy dwyll	deceitfully
trwy dwyll	fraudulently
trwy gyd-ddigwyddiad	coincidentally
trwy hap a damwain	accidentally
trwy hyn	hereby
trwy lwc	luckily
trwy'r amser	continuously
tu hwnt	beyond
tua thre	homewards
tuag allan	outwards
tuag at i fyny	upwards
tuag at i lawr	downwards
tuag at i mewn	inwards
tuag yn ôl	backwards
tua'r gwynt	upwind
tybed	I wonder
un ar ôl y llall	successively
un ar y tro	singly
unwaith ac am byth	once and for all
unwaith eto	once again
uwchlaw dim	above all
wastad	always
wedi hyn	subsequently

wedyn	then
weithiau	sometimes
whap	immediately
whap	suddenly!
wir!	indeed!
wrth edrych yn ôl	retrospectively
wrth eich bodd	happily
wrth eich enw	namely
wrth eich pwysau	slowly
wrth eich sawdl	following
wrth fynd heibio	incidentally
wrth gwrs	certainly
wrth gwrs!	definitely
wrth gwrs!	of course
wrth gyrraedd	on arriving
wrth lwc	fortunately
wrth lwc	luckily
wrth ochr (rhywbeth)	alongside
wrth raid	unavoidably
wrth reddf	intuitively
wrth reswm	naturally
wrth ymyl	beside
wrthi'n chwarae	playing
wrthi'n ddygn	busily
wysg eich pen	headlong
y byd a ddaw	hereafter
y dyddiau hyn	nowadays
y naill ar ôl y llall	respectively
y naill ar ôl y llall	successively
y rhan fwyaf	mostly
y rhan fynychaf	commonly

y tu allan	externally
y tu allan i'r tŷ	outdoors
y tu cefn	behind
y tu draw	beyond
y tu fas	externally
y tu fas i'r tŷ	outdoors
y tu hwnt	beyond
y tu mewn	internally
y tu mewn	within
y tu ôl	behind
ychydig	a little
ychydig bach	slightly
yfory	tomorrow
yng nghesail y mynydd	nestling in the mountainside
yng nghlyw	within hearing
ynghynt	previously
ym mêr eich esgyrn	intuitively
ym mhob ffordd	every way
ym mhobman	everywhere
yma	here
ymhen amser	eventually
ymhen hir a hwyr	eventually
ymlaen llaw	beforehand
ymlaen llaw	preliminarily
yn arbennig	especially
yn awr ac yn y man	occasionally
yn bennaf	principally
yn benodol	specifically
yn bersonol	personally
yn ei thymor	seasonally
yn eich afiaith	zestfully

yn y gwraidd	basically
yn y man	presently
yn y man	shortly
yn y pen draw	eventually
yn y pen draw	ultimately
yn yr awyr	aloft
yn yr oes sydd ohoni	nowadays
yn yr un modd	similarly
yna	then
yr awyr agored	outdoors
yr un	each

Adverbs

English Welsh

English	Welsh
a little	ychydig
a lot	fawr
a lot	mawr
aboard	ar fwrdd llong
above	fry
above all	uwchlaw dim
abroad	ar led
accidentally	ar antur
accidentally	ar hap
accidentally	drwy hap a damwain
accidentally	trwy hap a damwain
admiringly	ag edmygedd
admittedly	'does dim dwywaith
admittedly	rhaid cyfaddef
adrift	gyda'r llif
advisedly	ar ôl ystyriaeth
afire	ar dân
afloat	ar nawf
afloat	ar wyneb y dŵr
afoot	ar droed
afternoon	brynhawn
afterwards	ar ôl hynny
afterwards	wedi hynny
again	eto
again	drachefn
agitatedly	fel gafr ar daranau
aground	ar lawr
ahead	ar y blaen

all	i gyd
all	oll
almost	bron â
aloft	i fyny
aloft	i lan
aloft	yn yr awyr
alone	ar eich pen eich hun
alongside	ar bwys (rhywbeth)
alongside	gerllaw (rhywbeth)
alongside	wrth ochr (rhywbeth)
already	eisoes
also	hefyd
alternately	bob yn ail
alternatively	ar y llaw arall
altogether	i gyd
altogether	rhwng popeth
always	bob amser
always	byth a hefyd
always	o hyd
always	wastad
always	wastad
amazingly	er mawr ryfeddod
amiss	o'i le
anew	o'r newydd
annually	bob blwyddyn
anon	maes o law
anticlockwise	o chwith
anxiously	ar bigau drain
any longer	mwyach
any which way	mewn unrhyw fodd
anyhow	beth bynnag

anywise	o gwbl
apart	ar wahân
approximately	ar draws
around	o amgylch
around	o bobtu
around	o gwmpas
as	mor
as a result	o ganlyniad
as a rule	fel rheol
as bad	cynddrwg
as far as I know	hyd y gwn i
as good	cystal
as it were	fel petai
as long	cyhyd
as much	cymaint
as such	fel y cyfryw
as well as	yn ogystal
ashamedly	mewn cywilydd
ashore	ar lan y môr
aside	ar un ochr
aside	i'r ochr
aside	naill ochr
askew	acha wew
askew	ar dro
askew	ar sgiw
aslant	ar letraws
aslant	ar ochr
aslant	ar ogwydd
aslant	ar oleddf
assuredly	mae'n siŵr

astir	ar fynd
astray	ar ddisberod
astray	ar goll
astray	ar gyfeiliorn
astride	ar gefn (rhywbeth)
at a time	fesul
at home	gartref
at least	o leiaf
at once	ar unwaith
awake	ar ddi-hun
awash	dan y dŵr
away	i ffwrdd
away	oddi yma
away from home	oddi cartref
awfully	ofnadwy
awhile	am dipyn (o amser)
awry	o chwith
back-to-back	gefngefn
backwards	llwrw eich cefn
backwards	tuag yn ôl
barely	o'r braidd
basically	yn y bôn
basically	yn y gwraidd
because of	o'r herwydd
before	cynt
beforehand	ymlaen llaw
behind	ar ei hôl hi
behind	ar ôl
behind	y tu cefn
behind	y tu ôl

below	isod
beneath	danodd
beneath	is (rhywbeth)
beneath	oddi tanodd
beneficially	er lles
beside	wrth ymyl
besides	ar ben hynny
besides	heblaw am
beyond	heibio i (rywbeth)
beyond	tu hwnt
beyond	y tu draw
beyond	y tu hwnt
biannually	ddwywaith y flwyddyn
breathlessly	â'ch gwynt yn eich dwrn
briefly	am fyr dro
briefly	am ychydig
briefly	mewn byr eiriau
briefly	mewn gair
by and large	at ei gilydd
by far	llawer rhy
by now	bellach
by now	erbyn hyn
by now	bellach
by the way	gyda llaw
calmly	gan bwyll
cautiously	gan bwyll
ceaselessly	heb ball
certainly	yn sicr
certainly	ar bob cyfrif
certainly	bid sicr

certainly	bid siŵr
certainly	siŵr iawn
certainly	wrth gwrs
chaotically	rywsut-rywsut
chop-chop	siapa hi!
chronologically	o ran trefn amser
clockwise	glocwedd
coincidentally	trwy gyd-ddigwyddiad
collectively	ar y cyd
collectively	gyda'ch gilydd
colloquially	ar lafar
commonly	gan amlaf
commonly	y rhan fynychaf
communally	ar y cyd
comparatively	cymharol
comparatively	o'i gymharu
comparatively	cymharol
completely	cwbl
completely	hollol
completely	i'r carn
completely	i'r pen
conditionally	ar amod
confused	mewn penbleth
consecutively	o'r bron
consequently	o ganlyniad
considerably	gryn dipyn
constantly	byth a beunydd
constantly	byth a hefyd
continually	o hyd ac o hyd
contrariwise	i'r gwrthwyneb

conversely	i'r gwrthwyneb
cordially	o waelod calon
credibly	mewn modd credadwy
creditably	â chlod
daily	beunydd
damnably	ar y naw
day	ddiwrnod
day	ddydd
day	ddiwrnod
day	ddydd
day after	drannoeth
day after tomorrow	drennydd
day before yesterday	echdoe
night before yesterday	echnos
days of yore	ddyddiau fu
deceitfully	trwy dwyll
dedicatedly	ag ymroddiad
definitely	ar bob cyfrif!
definitely	wrth gwrs!
deliberately	o bwrpas
despairingly	mewn anobaith
detrimentally	er gwaeth
diagonally	ar draws
diagonally	ar letgroes
diagonally	ar letraws
disappointed	mewn siom
disappointingly	er mawr siom
dishonourably	mewn cywilydd
dispiritedly	â chalon drom
distantly	o bell

distantly	o hirbell
distractedly	â'ch meddwl ymhell
doubtless	heb amheuaeth
down	i lawr
down	lawr
downright	heb flewyn ar dafod
downwards	i waered
downwards	tuag at i lawr
duly	mewn da bryd
dumbly	heb ddweud gair
each	bobo un
each	yr un
easily	heb drafferth
either	chwaith
elsewhere	fan arall
elsewhere	mewn man arall
elsewhere	rywle arall
elsewhere	fan arall
enough	digon
entirely	cyfan gwbl
equally	i'r un graddau â . . .
equally	gymaint â
erratically	heb drefn
erroneously	mewn camgymeriad
especially	yn arbennig/yn enwedig
eternally	am byth
eternally	hyd byth
eventually	ymhen amser
eventually	ymhen hir a hwyr
eventually	yn y diwedd

ever	byth
ever	erioed
everlastingly	hyd byth
every which way	bob sut
every time	bob cynnig
every time	bob tro
every way	ym mhob ffordd
everywhere	ym mhobman
exactly	i'r dim
exemplary	tan gamp
externally	o'r tu allan
externally	y tu allan
externally	y tu fas
extremely	ar y naw
extremely	dros ben
extremely	hynod
extremely	ofnadwy
fair play	chwarae teg
fairly	go
fairly	gweddol
fairly	lled
fearfully	mewn braw
fearlessly	heb ofn
fed up	drwg eich hwyl
finally	o'r diwedd
finally	yn y diwedd
firmly	fel craig safadwy
first	gyntaf
firstly	yn y lle cyntaf
firstly	gyntaf
flittingly	ar wib

florally	â blodau
forever	dros byth
forgivingly	gan faddau
formerly	cyn hyn
formerly	ers llawer dydd
formerly	ers talwm
formerly	o'r blaen
formerly	yn y dyddiau gynt
forthright	diflewyn-ar-dafod
forthright	heb flewyn ar dafod
forthright	plwmp a phlaen
forthwith	heb oedi
forthwith	heb ymdroi
fortuitously	ar hap
fortunately	drwy lwc
fortunately	wrth lwc
frantically	fel beili mewn sasiwn
fraudulently	trwy dwyll
frequently	gan amlaf
freshly	o'r newydd
full pelt	nerth eich traed
fully	i'r pen
fully employed	llawn gyflogedig
furthermore	at hynny
furthermore	heblaw hynny
furtively	o lech i lwyn
generally	yn gyffredinol
genuinely	go iawn
gladly	â chroeso
gladly	â phleser
glossily	gyda graen

gradually	bob yn dipyn
gradually	gan bwyll bach
gradually	o dipyn i beth
gratuitously	heb reswm
grudgingly	dan rwgnach
grudgingly	er eich gwaethaf
grudgingly	rhwng bodd ac anfodd
guardedly	gyda gofal
hardly	o'r braidd
hastily	ar frys
hastily	ar ffrwst
hastily	ar hast
hastily	mewn hast
head to foot	o'r pen i'r traed
headlong	llwrw eich pen
headlong	wysg eich pen
heedlessly	heb falio dim
helter-skelter	dwmbwr-dambar
henceforth	o hyn allan
here	yma
hereafter	y byd a ddaw
hereby	trwy hyn
higgledy piggledy	blith-draphlith
higgledy-piggledy	ar draws ei gilydd
hitherto	hyd yma
hitherto	hyd yn hyn
homeward	adref
homewards	adref
homewards	tua thre
honestly	heb air o gelwydd

hopefully	gyda lwc
how	sut?
however	er hynny
however	fodd bynnag
however	serch hynny
however	sut bynnag
however	'ta beth
hurry-scurry	ar ruthr
I believe	gredwn i
I wonder	tybed
I'd say	ddywedwn i
if I may say	os caf ddweud
if so	os felly
I'll be blowed!	myn brain i!
illegibly	fel traed brain
immaculately	fel pìn mewn papur
immediately	ar eich union
immediately	ar unwaith
immediately	heb ymdroi
immediately	whap
immediately	yn y fan/yn y man
immemorial	er cyn cof
immemorial	ers cyn cof
impassionedly	ag angerdd
in memoriam	er cof
in my view	dybiwn i
in my view	farnwn i
inaccessible	mewn lle anhygyrch
inattentively	heb fod yn talu sylw
incessantly	byth a beunydd

incessantly	heb stop
incidentally	gyda llaw
incognito	dan ffugenw
incoherently	ar chwâl
inconsiderately	heb ystyried
indeed!	wir!
indeed!	yn wir
individually	ar wahân
individually	bob yn un
individually	fesul un
individually	fesul un
indoors	dan do
indoors	i mewn
initially	ar y cychwyn
initially	ar y dechrau
initially	i gychwyn
initially	yn y lle cyntaf
instantaneously	fel ergyd o ddryll
instantly	ar y gair
instantly	nawr
intentionally	o bwrpas
intentionally	o fwriad
interestedly	â diddordeb
internally	y tu mewn
invariably	bob tro
inwards	tuag at i mewn
jokingly	mewn sbort
joyfully	mewn gorfoledd
just now	gynnau
largely	i raddau helaeth
last night	neithiwr

last year	llynedd (y)
lastly	yn olaf
lengthwise	ar ei hyd
less	llai
lickety-split	fel cath i gythraul
like this	fel hyn
like this	fel yma
long ago	gynt
long time ago	gynt
longingly	â hiraeth
loudly	nerth eich pen
luckily	diolch byth
luckily	drwy drugaredd
luckily	drwy lwc
luckily	trwy lwc
luckily	wrth lwc
lying down	ar eich gorwedd
mad rush	brys gwyllt
mainly	gan amlaf
mainly	gan mwyaf
many	llawer
many	fawr
many times	droeon
maybe	efallai
maybe	feallai
maybe	o bosibl
meanwhile	yn y cyfamser
mercifully	trwy drugaredd
methodically	mewn trefn
midway	hanner ffordd
mistakenly	ar gam

momentarily	am eiliad
momentarily	am funud
month	fis
monthly	bob mis
more	mwy
more and more	mwyfwy
moreover	ar ben hynny
moreover	at hynny
more's the pity	gwaetha'r modd
morning	fore
most	mwyaf
mostly	gan amlaf
mostly	gan mwyaf
mostly	ran amlaf
mostly	y rhan fwyaf
mostly	ran amlaf
namely	sef
namely	wrth ei enw
naturally	wrth reswm
necessarily	o angenrheidrwydd
necessarily	o raid
needlessly	heb fod angen
never	byth
never	erioed
never again	byth eto
nevermore	byth mwy
nevertheless	er hynny
nevertheless	eto i gyd
nevertheless	serch hynny
nocturnally	liw nos
nominally	mewn enw

normally	fel arfer
northwards	am y gogledd
northwards	i'r gogledd
not	ddim
now	nawr
now	rŵan
now and again	droeon
nowadays	heddiw
nowadays	y dyddiau hyn
nowadays	yn y byd sydd ohoni
nowadays	yn yr oes sydd ohoni
occasionally	ambell dro
occasionally	ambell waith
occasionally	ar adegau
occasionally	bob hyn a hyn
occasionally	o bryd i'w gilydd
occasionally	o dro i dro
of course	wrth gwrs!
offhand	dihitio/dihidio
on the one hand	ar y naill law
on the whole	ar y cyfan
once	siwrne
once again	unwaith eto
once and for all	unwaith ac am byth
only	dim ond
openly	ar goedd
opposite	gyferbyn
orally	ar lafar

ordinarily	fel arfer
originally	ar y cychwyn
otherwise	fel arall
out	allan
outdoors	y tu allan i'r tŷ
outdoors	y tu fas i'r tŷ
outdoors	yr awyr agored
outright	ar ei ben
outside	tu allan
outwardly	ar yr wyneb
outwards	tuag allan
over	drosodd
over there	draw
over-hastily	ar ormod o frys
overnight	dros nos
overwhelmingly	ran amlaf o lawer
past	heibio
paternally	ar ochr y tad
pell-mell	ar ras
pell-mell	pendramwnwgl
perfectly	i'r dim
permanently	am byth
personally	yn bersonol
poorly	cwla
poorly	eithaf clwc
possibly	fe ddichon
possibly	o bosib
powerlessly	heb rym
predominantly	at ei gilydd

predominantly	gan mwyaf
preferably	os oes modd
preferably	os yn bosib
preliminarily	ymlaen llaw
prematurely	cyn pryd
presently	ar hyn o bryd
presently	cyn bo hir
presently	gyda hyn
presently	maes o law
presently	yn y man
presumably	am (a) wn i
previously	cyn hynny
previously	o'r blaen
previously	ynghynt
primarily	yn y lle cyntaf
principally	yn bennaf
probably	siŵr o fod
probably	yn ôl pob tebyg
profitably	ag elw
progressively	fesul tipyn
promptly	heb oedi
promptly	yn y fan a'r lle
pronto	ar cich union
pronto	ar unwaith
providentially	drwy ryw ragluniaeth
pseudonymously	dan ffugenw
publicly	ar goedd
purposely	o bwrpas
purposely	o fwriad
quantitatively	o ran maint
quarter	chwarter

querulously	dan gwyno
quite	braidd
quite	eitha'
quite	tra
rather	braidd
rather	go
rather	hytrach
rather than	yn hytrach
really	gwirioneddol
really	mewn gwirionedd
regardlessly	heb hidio dim
regrettably	gwaetha'r modd
relievedly	gyda rhyddhad
reluctantly	llwrw eich tin
repeatedly	dro ar ôl tro
repeatedly	drosodd a throsodd
repeatedly	sawl gwaith drosodd
respectfully	gyda pharch
respectively	y naill ar ôl y llall
retrospectively	wrth edrych yn ôl
reverently	gyda pharch
sat down	ar eich eistedd
scarcely	prin y
scattered	ar wasgar
secretly	yn y dirgel
seemingly	i bob golwg
separately	ar wahân
serially	mewn rhannau
seriously	mewn difrif
seriously	o ddifrif
shortly	gyda hyn

shortly	mewn byr amser
shortly	toc
shortly	yn y man
similarly	yn yr un modd
simultaneously	ar yr un pryd
since then	oddi ar hynny
singly	ar eich pen eich hun
singly	o un i un
singly	un ar y tro
slightly	dipyn bach
slightly	ychydig bach
slowly	wrth eich pwysau
so bad	cynddrwg
so good	cystal
so long	cyhyd
so much	cymaint
solemnly	o ddifrif
sometime	ryw bryd
sometimes	ambell dro
sometimes	ambell waith
sometimes	ar brydiau
sometimes	o bryd i'w gilydd
sometimes	weithiau
soundlessly	heb ddim sŵn
soundlessly	heb sŵn
soundlessly	heb unrhyw sŵn
soundlessly	heb yr un smic
specifically	yn benodol
sprawlingly	ar hyd ac ar led

steadily	bob yn dipyn
steadily	fesul tipyn
stealthily	o lech i lwyn
still	er hynny
still	fodd bynnag
still	serch hynny
still	sut bynnag
still	'ta beth
still	'ta p'un
stubbornly	fel mul
stylishly	â steil
subsequently	ar ôl hynny
subsequently	wedi hyn
successively	un ar ôl y llall
successively	y naill ar ôl y llall
suddenly!	whap
superficially	ar yr wyneb
surely not	does bosib'
surprisingly	er syndod
sympathetically	â chydymdeimlad
tacitly	heb ddweud dim
tastefully	gyda chwaeth
temporarily	am y tro
temporarily	dros dro
thankfully	â diolch
thankfully	gyda diolch
that is	dyna
that is	hynny yw
then	felly
then	wedyn

then	yna
theoretically	mewn egwyddor
theoretically	mewn theori
there and then	yn y fan a'r lle
therefore	am hynny
therefore	gan hynny
thereupon	ar hyn
thereupon	ar hynny
these are	dyma
this is	dyma
this long time	ers llawer dydd
this year	eleni
those are	dyna
three days time	dradwy
three days time	dradwy
through	drwodd
through	drwy
throughout	drwyddi draw
thus	gan hynny
to an extent	i raddau
to cut a long story short	a thorri stori hir yn fyr
to say the least	a dweud y lleiaf
tomorrow	yfory
tonight	heno
too	rhy
totally	cyfan gwbl
transversally	ar letraws
tremendously	i'w r(h)yfeddu
triply	deirgwaith cymaint
truly	gwirioneddol
truly	mewn gwirionedd

truth be told	a dweud y gwir
two at a time	bob yn ddau
ultimately	yn y diwedd
ultimately	yn y pen draw
unconsciously	heb fod yn ymwybodol
under	danodd
underfoot	dan draed
underground	dan ddaear
underhand	dan din
undoubtedly	heb os
unknowingly	heb sylweddoli
unknowingly	heb yn wybod
unluckily	trwy anlwc
unnecessarily	heb angen
untimely	cyn pryd
unwillingly	o anfodd
unwittingly	heb yn wybod
up	lan
upon	arnodd
upstairs	i fyny'r grisiau
upwards	ar i fyny
upwards	tuag at i fyny
upwind	tua'r gwynt
usually	fel arfer
usually	fel rheol
variously	mewn sawl ffordd
verbatim	air am air
vernacularly	ar lafar gwlad
very	iawn

virtually	cystal â bod
weekend	fwrw'r Sul
weeknight	ar noson waith
weeknight	noson wythnos
weeknights	ar nosweithiau gwaith
westwards	am y gorllewin
westwards	i'r gorllewin
whereto	i ble?
wherever	ble bynnag
whichever	pa un bynnag
willingly	o wirfodd
willy-nilly	o fodd neu o anfodd
with that	ac ar hynny
within	oddi mewn
within	y tu mewn
without doubt	heb os nac oni bai
wonderingly	mewn syndod
wrongfully	ar gam
year	flwyddyn
yesterday	ddoe
yonder	draw
yonder	hwnt

Hefyd gan yr awdur:

Y Rhifolion
Welsh Numerals
D. Geraint Lewis

Yr Ansoddeiriau
A comprehensive collection
of Welsh Adjectives
D. Geraint Lewis

Yr Arddodiaid
A comprehensive collection
of Welsh Prepositions
D. Geraint Lewis

Beginners' Welsh
Reading Dictionary
Common Welsh words with mutated
and other forms, especially for learners
and non-Welsh speakers
D. Geraint Lewis
& Nudd Lewis

APPLIED WELSH

How Welsh works

Sut mae'r iaith yn gweithio

D. GERAINT LEWIS

y lolfa

'Ni ellir caboli'r hyn sy'n wallus'

WITH ANSWERS

D.I.Y. WELSH

Your Step-by-Step Guide
to Building Welsh Sentences.

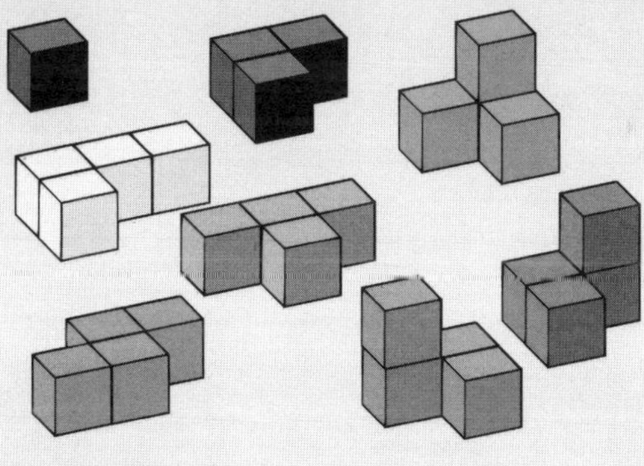

D. GERAINT LEWIS

y lolfa